MOI ET MES EX

Patrick de BOUTER

Editions ART ET COMÉDIE
2, rue des Tanneries
75013 PARIS

Cet ouvrage est réalisé avec le soutien de la **SACD**

S A C D
Société des
auteurs et
compositeurs
dramatiques
PARIS LONDRES L FLORISONTREAL

NOTE SUR L'AUTEUR

Directeur du Collège International de Cannes où il est également chargé du cours d'expression théâtrale, Patrick de Bouter écrit ses premiers textes avec un objectif pédagogique : l'utilisation en situation par les étudiants étrangers de la langue française contemporaine. A ce jour, une soixantaine de ses pièces ont été présentées au public dans le théâtre du Collège et ses sketches sont joués dans une vingtaine de pays.

En 2004, les éditions Art et Comédie publient *Quelqu'un* et, en 2005, *Alternatives du couple*, que Janine Berdin monte au printemps 2006 dans le cadre du Petit Théâtre de Poche de Lyon, après y avoir présenté en 2004 *Propos insolites et humoristiques sur banc public*, associant des sketches de Patrick de Bouter à ceux de Guy Foissy.

Moi et mes ex a été présentée pour la première fois les 7 et 8 décembre 2005 dans le théâtre du Collège International de Cannes.

DÉCOR

Un salon dont les meubles ont été poussés contre les murs pour permettre aux invités de danser. Au fond, un canapé à côté duquel se trouve un tabouret. En front de scène, côté cour, un fauteuil ; côté jardin, un autre tabouret. Deux ou trois chaises poussées contre les murs à côté des tables.

- Côté jardin, un couloir donnant sur la porte d'entrée de l'appartement.

- Côté cour, un couloir donnant sur la chambre de Max, la cuisine et la salle de bains.

PERSONNAGES

LES CINQ GARÇONS :

MAX

UGO, ami de Max, capitaine de l'équipe des « Wild Winners ».

FREDDY, ami de Max, membre de l'équipe des « Wild Winners ».

CHRIS, ami de Max, membre de l'équipe des « Wild Winners ».

ADRIEN, frère de Max.

LES ONZE « EX » (dans l'ordre de leur relation avec Max) :

ROSA

ALIX, sœur de Freddy.

GINA

CARLA

CLÉMENTINE

MÉLANIE

SARAH

AXELLE

JULIA

BRIGITTE

LOAN

SCÈNE 1

Sur les tables, des bouteilles, des verres et déjà quelques amuse-gueule.

Max est au fond, près de la sono qui diffuse un slow. Freddy danse avec Alix. Chris danse avec Loan et filme tout en dansant ; il suivra et filmera toutes les actions avec son caméscope. Au fond de la scène, un canapé sur lequel sont assises Carla et Axelle, qui discute avec Ugo, lui-même assis sur un tabouret près du canapé. En devant de scène, côté cour, Julia est assise sur un fauteuil et Adrien est assis par terre, sur un coussin, à côté d'elle. Rosa est assise sur un tabouret, en devant de scène, côté jardin. Pendant le début de la scène, Max va inviter quelques-unes des filles à danser, selon le déroulement de l'action.

ROSA *(un verre à la main, se levant et s'adressant au public)* - Bonsoir. Là, on est chez Max. Max, c'est le grand, là, près de la sono. Il s'appelle Maxence, mais on l'appelle Max. Moi, à une époque, je l'appelais Maxou. Je trouvais ça mignon. Lui aussi. Maintenant, quand on se voit, c'est de nouveau Max, comme tout le monde.

Max s'approche de Rosa.

MAX - Ça va comme tu veux, Rosa ?

ROSA - Ça peut aller, Max.

MAX - Sans plus ?

ROSA - Laisse-moi un moment pour me réadapter…

MAX - Content que tu sois là, en tout cas.

ROSA - Contente que tu sois content, en tout cas.

CARLA *(au public, s'approchant de Freddy et Alix)* **-** Le petit costaud qui danse, c'est Freddy, et la fille qui danse avec lui, c'est sa sœur, Alix. A côté, c'est Christophe qui danse avec Loan et son caméscope.

ROSA *(au public)* **-** Christophe est le meilleur copain de Max. Jamais l'un sans l'autre. Tout ce que fait Max, Christophe le fait aussi.

AXELLE *(au public)* **-** Le gars devant moi, avec les lunettes et un verre à la main, c'est Ugo, le capitaine de l'équipe de foot où jouent Max, Freddy et Chris.

CARLA *(au public, près de Freddy et Alix)* **-** Leur équipe s'appelle les « Wild Winners », sauf qu'ils gagnent plus souvent les concours de bière au Morrison que les compétitions sur les stades. *(A Freddy.)* N'est-ce pas, Freddy ?

FREDDY - Hein ?

CARLA - Tu m'invites à danser ?

FREDDY - Mais oui ! Bien sûr, Carla ! Avec plaisir ! Comme au bon vieux temps !

ALIX - Ah non ! Pas elle !

FREDDY - Pas d'histoire, Alix, c'est la fête. Aujourd'hui, on oublie tout.

> *Alix toise Carla et va s'asseoir. Carla se met à danser avec Freddy.*

Rosa *(au public)* - La fille qui fait semblant d'écouter Ugo, c'est une dénommée Axelle. Elle, je ne la connaissais pas avant de venir.

Axelle *(au public)* - Ugo, il est bien gentil, mais je n'ai jamais été passionnée par sa conversation. Le foot, je connais même pas les règles… et j'ai pas envie de les connaître, d'ailleurs.

Adrien *(au public)* - La fille qui se la joue star devant moi, elle dit qu'elle s'appelle Julia… *(Imitant Julia.)*… comme Julia Roberts. Moi, je parie qu'elle s'appelle Monique, Liliane, ou un truc comme ça. Faudra que je demande à Max. Elle me sort le grand jeu et j'fais comme si j'étais impressionné, mais elle me branche pas du tout. C'est absolument pas mon style.

Axelle *(désignant Adrien, s'adressant au public)* - Lui, c'est Adrien, le petit frère de Max, mais il est pas si petit que ça et ils n'ont que quelques mois de différence. Je ne le connais pas vraiment.

Adrien *(au public)* - Personne ne me connaît vraiment. Je fais mes études dans une autre ville. Là, je suis de passage. Max m'a demandé de venir pour la grande nouvelle. Je suis donc venu pour la grande nouvelle. Mais, pour le moment, je n'ai droit qu'à la grande « Julia ». Et je me sens un peu… décalé. D'ailleurs, vous allez voir, je vais rester assez discret dans toutes ces histoires, sauf dans la deuxième partie.

Julia *(lui donnant un petit coup)* - Comment tu trouves mon nouveau rouge à lèvres, Adrien ? C'est « rouge intense ». Super, non ?

Adrien - Super, Julia.

Rosa *(au public)* - Il a l'air un peu naïf, le petit frère. Regardez comme il la regarde la « Julia » ! On dirait un gosse devant un arbre de Noël, sauf que l'arbre est en plastique.

Ugo *(ayant quitté son siège et montrant une bouteille à Rosa)* - Rosa !

Rosa *(au public)* - Excusez-moi. *(A Ugo.)* Oui, tu as raison, mon verre est vide.

Chris *(filmant Rosa quand elle passe devant lui)* - Qu'est-ce que tu penses de cette petite fête, Rosa?

Rosa - Si c'est une idée de Max, c'est sans doute une bonne idée, Chris.

Chris - Oui, c'est une idée de Max! Une super idée!

Julia éclate d'un grand rire où elle montre toutes ses dents.

Julia *(à Max)* - Il est trop chou ton frère, Max. Il me fait hurler de rire.

Adrien - J'ai rien dit de spécial…

Cette réflexion fait de nouveau hurler de rire Julia.

Max *(à Adrien)* - Invite-la à danser, elle adore ça.

Julia *(à Max)* - Sauf s'il danse comme toi.

Max - Quoi?

Julia *(à Adrien)* - Max dansait comme un pied et il écrasait les miens.

Max - Oui, mais pendant ce temps-là, je t'embrassais comme un dieu et tu oubliais tout.

Julia *(à Adrien)* - Je te préviens : si tu m'invites, c'est seulement pour la danse. En principe, je sors pas avec les gars d'une même famille, ça fait des histoires.

Max *(à Adrien)* - T'inquiète pas, y'a prescription! Tu peux y aller.

Adrien - Désolé, Julia, mais je sais pas danser.

Julia - Oh! il fait son timide! *(Elle le prend par la main et le tire pour qu'il se lève.)* Allez, viens!

ADRIEN - Non, j't'assure !

MAX - Adrien, fais pas ton coincé ! Eclate-toi !

Adrien danse à contrecœur.

LOAN *(à Chris)* - Tu pourrais pas lâcher ce caméscope un moment, Chris ?

CHRIS - Non, je filme, là.

LOAN - Ecoute, tu filmes ou tu danses, mais les deux en même temps, ça le fait pas vraiment.

CHRIS - Au contraire : en tournant, j'peux filmer tout le monde, c'est nickel.

LOAN - Si c'est seulement tourner qui t'intéresse, t'as pas besoin de moi. Tu peux tourner tout seul ! *(Elle se dégage.)*

CHRIS *(la filmant)* - Oui, montre comme tu sais bien te mettre en colère. Mesdames, messieurs, je vous présente Loan en colère !

LOAN *(mettant une main devant son visage)* - Arrête avec ça, Chris, t'es pas drôle !

CHRIS - Moi j'trouve ça trop fun.

LOAN - Max, dis-lui d'arrêter, tu veux bien ?

Entrent Mélanie et Clémentine. Elles ont chacune un plateau de canapés à la main.

MÉLANIE - Et voilà de quoi se régaler !

Adrien en profite pour se dégager et prendre un plateau des mains de Clémentine.

CLÉMENTINE - Y'a un problème avec ton grille-pain, Max ? On dirait qu'il est bloqué.

MAX *(à Clémentine)* - T'as besoin du grille-pain, Clém' ?

CLÉMENTINE - Oui, Mélanie a apporté du saumon.

CHRIS - Super !

MÉLANIE - Je pose ça où ?

MAX - Attends, je te fais de la place. *(Il va faire de la place sur la table côté jardin.)*

ROSA *(au public)* - Donc, voici Clém', pour Clémentine, je suppose, et Mélanie, qui a apporté du saumon.

FREDDY *(avisant le buffet)* - Ça a l'air bon tout ça. *(Il va se servir.)*

CARLA - Je croyais qu'on était en train de danser, Freddy ?

JULIA - Moi aussi, j'étais en train de danser.

FREDDY *(à Carla)* - On continuera tout à l'heure. T'as pas faim, toi ?

CARLA - Vous êtes tous les mêmes, les garçons : quand l'estomac appelle, adieu les bonnes manières !

ALIX - Eh oui, Carla ! Tu danses avec lui et hop ! il te lâche pour un rien !

MAX *(arrêtant la musique)* - Bon, je vais profiter de ce petit intermède pour vous dire quelques mots.

CLÉMENTINE - Et qu'est-ce qu'on fait avec le grille-pain ?

MAX - Après.

CLÉMENTINE - Comme tu veux, sauf que…

CHRIS - Max, un discours ! Un discours !

UGO, FREDDY ET CHRIS - Un discours ! Un discours !

MAX - Ce ne sera pas un discours. Seulement quelques mots pour vous expliquer pourquoi je vous ai réunis. Parce que je pense que vous devez vous poser la question. Sauf les garçons qui sont déjà au courant.

LOAN *(à Chris)* - Ah bon ? Tu es déjà au courant, toi ?

CHRIS - Ben oui.

LOAN - Pourquoi tu m'as rien dit ?

CHRIS - Ben, c'est Max qui…

UGO - O.K., Loan, maintenant si tu le laisses parler, tu vas être au courant. *(A Max.)* Vas-y, Max.

Tout le monde est debout, attendant le discours de Max.

MAX - Tout d'abord, je dois vous dire merci. Merci d'être ici ce soir, et en particulier merci à vous, les filles, d'avoir accepté de venir à cette petite soirée. Vous n'êtes pas toutes présentes, parce que certaines ont refusé et d'autres n'ont pas répondu, mais vous, vous êtes venues.

AXELLE - Qui sont les autres, Max ? Pourquoi « les filles » ?

CARLA - De quelles filles tu parles ?

CHRIS - Laissez-le continuer si vous voulez le savoir.

MAX - Les filles qui sont ici, Axelle, et celles que j'avais invitées et qui ne sont pas venues, ont toutes un point commun : moi.

AXELLE - Et les garçons, c'est pas toi leur point commun ?

CHRIS - Chut !

MAX - Si, c'est moi aussi, mais d'une façon disons moins… intime. *(Les filles se regardent.)* Oui, vous avez compris, j'ai eu avec chacune d'entre vous une aventure amoureuse. *(Certaines disent : « Hein ? » « Quoi ? »)* Celles qui se connaissaient déjà sont peut-être étonnées, ou au contraire pas du tout : on sait que les filles se parlent beaucoup entre elles et il y a eu parfois des petits chassés-croisés involontaires et des petites frictions sans importance. N'est-ce pas, Axelle et Julia ? *(Il se tourne vers les intéressées qui n'apprécient guère l'allusion.)* Celles qui ne se connaissaient pas sont peut-être surprises d'être mises en présence des autres.

13

Rosa - Tu aurais pu nous prévenir, quand même !

Max - Si je vous avais prévenues, vous ne seriez pas venues.

Alix - Sans doute, mais ça aurait été plus honnête !

Ugo - Quand on accepte de revoir son ex, il y a toujours un risque, non ?

Alix - Je n'appelle pas ça un risque, j'appelle ça une mauvaise surprise. *(Elle toise Carla.)* Et quand cette mauvaise surprise est multipliée par… par… j'appelle ça un piège.

Freddy - Arrête ton char, Alix ! C'est pas un piège !

Alix - Toi…

Freddy - Ecoute ce qu'il a à vous dire !

Axelle prend ses affaires pour partir. Alix part bouder dans un coin.

Max - Qu'est-ce que tu fais, Axelle ?

Axelle *(à Max)* **-** J'en ai assez entendu comme ça, Max. *(Elle désigne Alix.)* Je ne connais pas cette fille…

Alix - Alix…

Axelle *(à Alix)* **-** Je ne te connais pas mais je suis d'accord avec toi. Cette pseudo fête est un piège. *(A Max.)* J'avais juré de ne plus jamais te revoir, Max, et j'aurais dû m'en tenir à cette décision. Ça m'aurait évité l'aparté sur les « petits chassés-croisés involontaires, n'est-ce pas Axelle et Julia ». Malheureusement, j'ai eu la faiblesse d'accepter…

Max - Ça prouve que tu as relativisé, et justement…

Axelle - Je n'ai rien à faire ici !

Mélanie - Cool, Axelle !

AXELLE - Si tu trouves ça cool que Max nous convoque pour nous humilier en public, c'est ton problème !

MÉLANIE - Il nous humilie pas ! Tout de suite les grands mots !

AXELLE - Vraiment ? Et quand il t'a larguée, tu as trouvé ça cool aussi ?

MÉLANIE - D'après ce qu'il dit, il nous a toutes larguées, alors on est toutes logées à la même enseigne. Alors soit on se saute toutes dessus pour s'étriper, soit on tourne la page.

AXELLE - Le problème, c'est pas entre nous, c'est avec lui !

MÉLANIE - Oui, mais c'est du passé.

JULIA - Elle a raison.

MAX - Merci les filles.

AXELLE - Il vous a laissées tomber comme de vieilles chaussettes et maintenant vous lui servez la soupe sous prétexte que c'est du passé ! Vous me dégoûtez !

JULIA - S'il t'a laissée tomber comme une vieille chaussette, c'est qu'il avait peut-être ses raisons.

AXELLE - Je ne te permets pas !

JULIA - Tout ce que je peux dire, c'est qu'avec moi, il y a mis les formes ! Il m'a invitée dans un resto très chic. Et nous sommes restés amis.

AXELLE - Excuse-moi, « Julia », mais moi, mon honneur et mon amitié ne s'achètent pas avec des tickets restaurant !

JULIA - Il a payé avec sa Mastercard !

ROSA - On sort un peu du sujet, là, non ?

AXELLE *(à Rosa)* **-** Toi, je ne sais pas quelle place tu occupes dans la liste, mais je… je…

FREDDY - O.K.! Si t'es pas contente, casse-toi! On fera sans toi et puis c'est tout.

AXELLE - Ah oui! J'oubliais! Non seulement Max se moque de nous en réunissant ses ex, mais encore il le fait devant ses copains… *(Elle rectifie.)*… ses complices. *(A Freddy.)* C'est quoi le plan? Qu'est-ce que vous comptez faire sans moi « et puis c'est tout » ?

FREDDY - T'as qu'à rester là si tu veux le savoir.

AXELLE - Je ne veux rien savoir du tout.

FREDDY - Eh ben, c'est ce que je dis : casse-toi.

ALIX - Freddy, j't'en prie! Ce n'est pas parce que tu prends fait et cause pour Max que tu dois être désagréable avec… elle. *(Elle désigne Axelle.)*

Axelle se dirige vers la sortie, côté jardin.

UGO - Axelle!

AXELLE - Je ne veux plus rien entendre! Je n'aurais jamais dû remettre les pieds ici.

UGO - Axelle, calme-toi et laisse-lui sa chance.

AXELLE - Est-ce qu'il m'a laissé ma chance, lui, lorsqu'il m'a plaquée pour sortir avec cette pétasse de Julia?

JULIA - Oh! retire! Retire immédiatement ce que tu viens de dire!

Julia se jette sur Axelle. Ugo se précipite vers elles.

UGO - Ça suffit, les filles! *(Il les sépare. Puis, à Max.)* Tu vois, je te l'avais dit : c'était pas sans risques ton idée.

ROSA - Et c'était quoi cette idée? On pourrait savoir?

AXELLE - Nous humilier!

JULIA *(à Axelle)* **-** Qui humilie qui ici?

ALIX - C'est Max le premier coupable ! Il nous met dans une situation scabreuse et en plus avec ta complicité, Freddy.

FREDDY - Oui, bon…

ALIX - Je préfèrerais être loin d'ici !

AXELLE *(à Alix)* **-** Eh bien, faites comme moi : quittez les lieux !

Axelle sort côté jardin.

UGO *(sortant derrière Axelle)* **-** Axelle ! *(Flottement général. Il revient.)* Elle est partie.

MAX - Bon, qu'est-ce qu'on fait ?

CHRIS - Continue. Tu avais prévu qu'il y aurait un pourcentage de perte en cours de route. Axelle entre dans tes statistiques, non ?

ROSA - Je t'en prie, Chris, ne sois pas méprisant. La réaction de… d'Axelle est tout à fait compréhensible.

JULIA - Si c'était toi qu'elle avait traitée de pétasse, tu trouverais peut-être ça moins compréhensible.

ROSA - Je ne parlais pas de ça !

CHRIS - Termine, Max.

MAX - En fait, je ne sais pas si l'ambiance est favorable. Je m'attendais bien à de petites tensions, mais pas à ce point.

FREDDY - Bon, ça va. T'as commencé, tu finis.

Un temps d'hésitation.

UGO - Il a raison. Maintenant, faut aller au bout.

MAX - Bon, voilà. Ce que je voulais vous dire, c'est que j'ai été vraiment amoureux de chacune d'entre vous. Plus ou moins longtemps selon les cas, mais je vous assure que j'étais sincère à chaque fois.

ADRIEN *(reniflant)* **-** C'est quoi cette odeur ?

LOAN - On dirait que ça sent le brûlé.

Un temps. Ils se regardent.

CLÉMENTINE - Le grille-pain !

MAX - Oh ! putain !

Max sort en courant côté cour.

SCÈNE 2

UGO *(à Clémentine)* **-** Tu l'avais laissé branché, ce grille-pain ?

CLÉMENTINE - Ben oui.

UGO - T'aurais pu le dire !

CLÉMENTINE - J'ai essayé, et puis il a voulu faire son discours, là.

UGO - Fallait insister ou aller l'éteindre ! Je sais pas, moi !

MÉLANIE - N'essaie pas de nous culpabiliser, Ugo, s'il te plaît.

CHRIS *(filmant Mélanie)* **-** Gros plan sur Mélanie en train de culpabiliser !

CARLA - J'en reviens pas. Il nous fait venir pour nous dire qu'il a été amoureux de nous !

LOAN - J'espère bien qu'il a été amoureux de nous… enfin, de moi au moins. Excusez-moi, mais pour vous autres, je me sens moins impliquée.

CHRIS - Et maintenant tu m'as, moi, bébé. Ne l'oublie pas.

Loan donne une petite claque à Chris.

Julia - Moi, je n'ai rien appris de nouveau. Il me l'avait dit : il a été très amoureux de moi.

Alix - Ça n'a aucun sens cette comédie et, franchement, Freddy…

Melanie - Il a peut-être mauvaise conscience de nous avoir quittées et il a voulu nous demander pardon.

Clémentine - A toutes en même temps ?

Mélanie - Pourquoi pas ? Une séance de pardon collectif pour solde de tout compte.

Carla - Encore une preuve de délicatesse masculine, je suppose.

Freddy - C'est pas ça du tout.

Rosa - Faut-il imaginer quelque chose de pire encore ?

Freddy - Il a pas eu le temps de tout vous dire.

Rosa - Attends, je m'assieds.

Un temps.

Carla - Eh ben, vas-y, Freddy, puisque tu es au courant ! Termine avant que les pompiers arrivent pour éteindre le feu dans la cuisine et qu'on reste encore en plan !

Freddy regarde les autres.

Freddy - Je sais pas si j'ai le droit !

Ugo - C'est O.K., Freddy.

Freddy - Tu crois ?

Ugo - Puisque je te le dis.

Freddy - Voilà, Max a décidé de se marier.

Stupeur des filles.

Ugo - Oui, c'est vrai. Il a décidé de se marier.

Chris (*passant devant les filles pour les filmer*) **-** Et maintenant les réactions à chaud du public !

Alix - C'est pas possible !

Adrien - Si, je confirme : c'est la grande nouvelle qu'il voulait vous annoncer.

Rosa - Max ! Se marier !

Julia - Ça me fait tout drôle !

Alix - Vous continuez à vous moquer de nous, n'est-ce pas ?

Adrien - Pas du tout. Max a décidé de se marier. Enfin, c'est ce qu'il nous a dit.

Loan - Avec qui ?

Chris - Loan pose la question à dix points ! Avec qui Max a-t-il décidé de se marier ? Moment de suspense ! Alors, Adrien, la réponse est…

Adrien - Avec l'une d'entre vous.

Julia - Laquelle ?

Adrien - Il ne le sait pas encore. Il veut que vous l'aidiez à choisir. Mais il tient à ce que soit l'une d'entre vous parce qu'il sait qu'avec vous il a été vraiment amoureux… Je sais, moi aussi je trouve ça plutôt baroque comme idée et, si j'étais à sa place, je ferais pas ça, mais je ne suis pas à sa place.

Julia - Ça veut dire quoi, « baroque » ?

Adrien - C'est un peu comme « bizarre ».

Julia - Eh ben, alors, faut dire « bizarre », comme ça tout le monde comprend.

Chris - Toujours en direct de chez Max, Adrien…

LOAN - Tu nous gaves avec tes commentaires, Chris ! Tu peux pas aller jouer ailleurs avec ta caméra ?

CHRIS *(tournant la caméra vers son propre visage)* **-** Je peux pas aller jouer ailleurs, Chris ? Mais si, bien sûr ! Dans la cuisine ! Un reportage sensationnel m'attend sur un sujet brûlant : le grille-pain en feu ! De l'aventure ! De l'action ! Du risque ! Transportons-nous sans plus attendre sur les lieux du sinistre ! Opération grille-pain !

Chris sort côté cour en chantant une sorte de générique dramatique repris par Ugo et Freddy.

CARLA *(après un petit temps)* **-** Coup de foudre collectif avec effet retard et conséquence aléatoire. Le moins qu'on puisse dire, c'est que cette demande en mariage plurielle est pour le moins singulière.

ROSA - Jamais rien entendu de plus débile.

LOAN - C'est pas juste cette histoire !

UGO - Pourquoi donc, Loan ?

LOAN - Ben, on n'est pas toutes sur le même pied d'égalité. Moi, maintenant, je sors avec Chris, je suis pas vraiment disponible. Sauf si je casse avec lui. C'est pas impossible : il est pas terrible, Chris. Mais il faudrait que je sois sûre que Max me choisisse parce que sinon je me retrouverais toute seule et Chris voudrait peut-être pas me reprendre.

ROSA - Pas de souci. En ce qui me concerne, il est hors de question que je remette le couvert avec Max.

ALIX - Moi non plus, cela va sans dire.

UGO - Franchement, les filles, je ne pensais pas que vous réagiriez si négativement.

ALIX - Non, mais attends, tu voudrais qu'on réagisse comment ? Et puis, d'abord, ça veut dire quoi ce procédé de toutes nous convoquer pour nous annoncer son mariage ?

Mélanie - Il ne nous a pas convoquées, il nous a invitées.

Alix - O.K., il nous a invitées et, maintenant qu'on est là comme des dindes, il voudrait quoi? Non, mais quelle prétention! Il pense peut-être qu'on a oublié le passé... *(Elle rectifie.)*... le passif... *(Elle toise Carla.)*... et qu'on est encore folles de lui...

Loan - ... et disponibles! Disponibles! C'est ça le problème principal!

Alix - Merci, mais moi, le goût de Max, je l'ai perdu le jour où il m'a quittée et je ne suis pas près de le retrouver.

Un temps.

Ugo - Et toi, Julia, tu ne dis rien?

Julia - Non, je réfléchis.

Clémentine - Moi, j'ai bien peur que l'incident du grille-pain ça me fasse des points en moins au moment de la décision finale.

Freddy - Grillée par le grille-pain, quoi.

Julia hurle de rire.

Ugo - Ça y est, Julia, tu as fini de réfléchir?

Julia - Non, je faisais juste une pause.

Chris entre, assez agité.

Chris - Dites, les mecs, vous pourriez pas venir nous donner un coup de main? C'est la merde dans cette cuisine, j'peux même pas filmer, y'a trop de fumée.

Ugo et Freddy sortent précipitamment derrière Chris, côté cour, en scandant : « pin-pon! pin-pon! ». Adrien les suit.

Clémentine - Je ne sais pas vous, mais moi je trouve ça quand même un peu gênant comme situation.

MÉLANIE - D'un autre côté, il nous dit qu'il a été amoureux de nous. C'est sympa quand même.

LOAN - Il aurait pu le dire plus tôt, non?

JULIA - Moi, il n'arrêtait pas de me le dire!

MÉLANIE - Vous étiez amoureuses de lui, vous, quand vous étiez avec lui?

Un temps.

CLÉMENTINE - Je n'arrive pas à imaginer que je puisse être mariée avec un garçon comme Max. On s'entend tellement mieux depuis qu'on se voit plus…

JULIA - Et donc tu te marierais pas avec lui?

CLÉMENTINE - Pourquoi pas?

LOAN - Tu viens de dire le contraire.

CLÉMENTINE - Je n'ai pas dit que je ne me marierais pas avec lui, j'ai dit que je n'arrive pas à imaginer que je puisse être mariée avec un garçon comme lui. C'est pas pareil.

LOAN - J'te suis plus, là.

CLÉMENTINE *(à Mélanie)* **-** Tu me comprends, toi, Mélanie?

MÉLANIE - Oui, très bien. Je pense la même chose que toi. Et puis c'est quand même grâce à lui que nous nous sommes rencontrées toutes les deux.

ROSA - Eh ben, faites une demande groupée! Il n'a peut-être rien contre le ménage à trois!

MÉLANIE - Tu pourrais nous expliquer pourquoi tu sembles si agressive avec lui?

ROSA - J'ai des choses à régler avec Max et ça ne vous regarde pas.

LOAN - Très bien. Tu règles tes comptes et puis tu te retires de la compét'.

ROSA - Je n'ai pas à m'en retirer, j'ai déjà dit que je n'étais pas candidate.

JULIA - Eh ben, moi, je dis que parmi nous, il y en a une qu'il préfère. Et s'il nous a toutes invitées, c'est pour vérifier que cette préférence est réciproque.

CLÉMENTINE - Dans ce cas-là, pourquoi il nous a toutes invitées ?

ALIX - Pour exhiber l'ensemble de son tableau de chasse devant ses copains, ses idiots de copains, mon frère le premier, comme au marché aux bestiaux !

La lumière s'éteint brusquement.

SCÈNE 3

LOAN - Qu'est-ce qu'il se passe ?

JULIA - On voit plus rien !

CLÉMENTINE - Vous croyez que Max nous prépare une autre surprise ?

ROSA - Comme quoi ?

CLÉMENTINE - Ben, comme quand on fait un gâteau d'anniversaire, je sais pas moi…

CARLA - Elle ressemble plutôt à une panne d'électricité, la surprise.

Max traverse la scène, suivi de Ugo, Freddy et de Chris qui bricole la caméra.

Ugo - Je t'l'avais dit : faut jamais mettre un truc en métal dans un grille-pain sous tension !

Max - Maintenant, moi aussi je suis sous tension.

Freddy - C'est pas grave, ça a disjoncté et puis c'est tout. Il suffit de…

Max - Non, Freddy, il suffit pas de !

Max, Freddy et Ugo sortent côté jardin.

Clémentine - Le grille-pain !

Mélanie - Oui, on dirait.

Chris *(avec le caméscope, restant sur scène)* **-** Max, tu sais où c'est le bouton infrarouge ? J'suis sûr que ça ferait des images terribles dans l'obscurité.

La lumière revient.

Clémentine - Et voilà ! Tout s'arrange !

Les garçons reviennent. Max a une boîte à outils dans la main, Ugo une lampe électrique.

Julia - Bravo, Max, c'est réparé !

Max - Non, Julia, c'est pas complètement réparé.

Clémentine - Je voulais te dire, Max : si c'est le grille-pain qu'est un problème, je peux t'en avoir un autre gratuit, j'ai plein de S'Miles à Monoprix. Et puis, si on n'a pas de pain grillé aujourd'hui, c'est pas un drame.

Mélanie - Ben, le saumon quand même…

Clémentine - Oui, mais il y a des choses plus importantes dont on doit parler, non ?

25

Max pose la boîte à outil et en vérifie le contenu, manifestement irrité.

FREDDY - Elle a raison : c'est peut-être pas nécessaire de prendre ta panoplie du parfait bricoleur aujourd'hui.

LOAN - Max, je pourrais te parler, juste toi et moi ?

MAX - Pas maintenant !

JULIA - Moi aussi, je voudrais te parler. Et si possible avant Loan.

LOAN - Pas question ! J'ai demandé avant !

CHRIS *(toujours bricolant son caméscope)* - J'ai trouvé ! C'est là ! *(Il montre.)* Y'a un pictogramme de lune ! Ça veut dire que c'est pour filmer la nuit !

FREDDY - Laisse tomber, Chris. Tu vois pas qu'il est énervé et que la lumière est revenue ?

MAX - Pour le moment, oui, elle est revenue, mais si j'interviens pas avec ma « panoplie du parfait bricoleur », ça risque de pas durer !

CHRIS - Pas de blème ! Maintenant je sais où appuyer. *(Il recommence à filmer.)* Après un petit incident technique indépendant de notre volonté, nous reprenons notre émission en direct live de chez Max.

LOAN *(à Chris)* - Chris, arrête ! *(A Max.)* Max, c'est super important !

CLÉMENTINE *(à Max)* - Si ça risque de disjoncter une autre fois, ce serait peut-être mieux de prévoir des bougies.

MAX - Attends, c'est toi, Clém', qui me demandes des bougies ?

CLÉMENTINE - Oui, enfin, c'est une suggestion, au cas où.

MAX - Et tu veux peut-être aussi les allumettes ?

CLÉMENTINE - Ou un briquet, c'est pareil.

MÉLANIE - Euh… Clém'… Tu devrais peut-être pas insister.

CLÉMENTINE - Ben quoi ? Pour allumer les bougies, il faut… *(Elle s'arrête en se rendant compte de sa gaffe.)*

MAX - Clém', après avoir niqué le circuit électrique de la cuisine, tu veux vraiment foutre le feu à la baraque, c'est ça ?

CHRIS - Max aurait-il découvert que Clém' est une dangereuse pyromane ? Tout de suite la réponse !

CLÉMENTINE *(à la caméra)* **-** Je ne suis pas une pyromane ! C'est son grille-pain qui était bloqué !

MÉLANIE - Clém', euh…

MAX - Tu vois, depuis le temps, j'avais oublié combien tu pouvais être stupide !

CLÉMENTINE - Oh !… Pourquoi es-tu si méchant avec moi ?

MAX - Parce que tu es trop bête ! Bête à pas savoir faire marcher un grille-pain !

CLÉMENTINE - Oh !… Puisque c'est ça, je te donnerai pas mes points S'Miles de Monoprix et puis… et puis…

CHRIS - Oui, Clém', vas-y, lâche-toi ! T'es en direct !

CLÉMENTINE *(à Max)* **-** Je me marierai pas avec toi !

FREDDY - Oh ! putain !

MAX - Hein ?

CHRIS *(au public)* **-** Clém' s'est vraiment lâchée !

MAX - Qui… qui leur a dit ?

UGO - Ben, c'est Freddy. Mais on était tous d'accord.

Clémentine est en pleurs. Elle se dirige vers le couloir, côté cour.

MÉLANIE - Où tu vas, Clém' ?

CLÉMENTINE - M'enfermer dans la salle de bains pour pleurer.

Clémentine sort.

MÉLANIE - Attends ! Je viens avec toi !

Mélanie sort derrière Clémentine.

CHRIS - Clém' et Mélanie fuient la caméra pour un intermède kleenex dans la salle de bains !

MAX - Venez, vous autres !

Max sort à son tour côté cour, suivi par Ugo et Freddy.

ALIX - Freddy !

FREDDY - Oui… euh…

Chris filme.

ALIX - J'en ai marre ! J'voudrais qu'on s'en aille.

FREDDY - T'inquiète pas, ça va s'arranger.

Freddy sort.

ALIX - Freddy !

CHRIS - Gros plan sur le ras-le-bol d'Alix !

ALIX - Tant pis pour lui ! *(Elle va fouiller dans les poches de Freddy dont la veste traînait près du canapé. Elle en sort les clés de sa voiture.)* Dites-lui seulement qu'il ne cherche pas sa voiture. Elle est partie avec moi. *(Elle se dirige vers la sortie, côté jardin.)* Vous restez, vous ? *(Pas de réponse. A Rosa.)* Il me semblait que tu avais des comptes à régler avec lui, non ? *(Pas de réponse. A Carla.)* La place est libre, Carla, mais cette fois-ci ce n'est pas toi qui me la prends, c'est moi qui te la laisse. *(Pas de réponse.)* Je ne sais pas qui sera l'heureuse élue, mais je ne pense pas que vous me verrez à votre mariage.

Alix sort.

CHRIS *(toujours filmant)* - De la passion ! Des départs spectaculairement dramatiques ! Magnifique !

JULIA - Pourquoi elle m'a rien dit à moi ?

LOAN - Chris !

CHRIS - Un commentaire à chaud, Loan, mon bébé ?

LOAN - Oui, j'ai quelque chose à te dire.

CHRIS - Vas-y !

LOAN - C'est personnel.

CHRIS - T'inquiète pas, ma caméra et moi, on est intime de chez intime.

LOAN - C'est pour toi, pour t'éviter un moment difficile devant les autres.

CHRIS - C'est la loi du direct ! La dure loi de la téléréalité !

LOAN - Bon, comme tu veux.

Loan s'assied sur le fauteuil. Carla et Rosa vont suivre ce dialogue assises sur le canapé du fond, Julia sur une chaise plus loin.

CHRIS - Ça tourne ! Suite de la « Max Académie ». La séquence de Loan dans le confessionnal.

LOAN - Tu n'as pas l'impression qu'il y a quelque chose que tu as zappé en cours de route ?

CHRIS - Pas du tout ! *(Il tape sur la caméra.)* Tout est dans la boîte.

LOAN - Et dans ta boîte perso, ta petite tête, tu es sûr que tout y est correctement enregistré ?

CHRIS - On me fait signe en régie qu'on demande des sous-titres !

LOAN - T'es vraiment débile ou tu le fais exprès ?

CHRIS - Hein ?

LOAN - Alors, tu es au courant depuis le début que Max veut se marier avec l'une d'entre nous et ça te vient même pas à l'esprit que ça pourrait être moi !

Chris arrête de filmer.

CHRIS - Ben non, pas toi.

LOAN - Et pourquoi pas ? Moi aussi, il m'a invitée, non ?

CHRIS - Ben oui, mais…

LOAN - Tu penses que je ne suis plus assez bien pour lui ?

CHRIS - Non, t'es super, mais il sait qu'on est ensemble maintenant. T'es pas concernée.

LOAN - Ah bon ? Quand il vous en a parlé, il a fait une exception pour moi ?

CHRIS - Euh… non.

LOAN - Tu vois !

CHRIS - Il le ferait pas. Il me ferait pas ça. C'est impossible.

LOAN - Et qu'est-ce qui l'en empêcherait ?

CHRIS - C'est contraire à la déontologie des « Wild Winners ».

LOAN - On parle pas de foot, là !

CHRIS - Avec Max, on est comme les doigts de la main, on est comme des frères !

LOAN - Mon pauvre Chris…

CHRIS - Mais toi, euh… tu serais pas intéressée. J'veux dire, si jamais il te le proposait, tu refuserais.

LOAN - Je voudrais pas te faire de peine, mon petit Chris, mais entre toi et Max, y'a pas photo.

CHRIS - Tu… tu retournerais avec lui ?

LOAN - Ce n'est pas impossible !

JULIA - Ah ! ben non, j'suis pas d'accord, moi !

Chris et Loan ignorent Julie.

CHRIS - Mais… mais… et moi ?

LOAN - Toi, tu n'es que le deuxième choix.

CHRIS - Le deuxième choix, comme dans une épicerie…

LOAN - Ou la roue de secours.

CHRIS - Comme dans un garage…

LOAN - Je suis désolée, Chris.

CHRIS - Et si Max te choisissait pas ?

LOAN - Justement, j'aimerais être fixée assez rapidement sur ses intentions.

Elle se lève pour sortir. Julia se lève aussi, de peur d'être supplantée par Loan.

CHRIS - Et si c'était toi, tu me laisserais tomber ?

LOAN - Ecoute, on n'en est pas encore là. Pour le moment, je te garde en réserve, O.K. ?

CHRIS - En roue de secours.

LOAN - Exactement. A moins qu'entre-temps, tu puisses faire état d'arguments suffisamment persuasifs pour me convaincre que je dois rester avec toi.

CHRIS - J'ai combien de temps ?

Loan - Pas beaucoup : dès que Max arrive, je lui saute dessus !

Chris - O.K. ! Je relève le défi ! Viens avec moi !

Loan - Où ça ?

Chris - Dans la chambre de Max !

Loan - Pour quoi faire ?

Chris - J'ai peur que tu n'aies pas apprécié tous mes arguments à leur juste valeur !

Loan - C'est ridicule !

Chris - Dans cinq minutes, tu ne diras plus ça !

Loan - Parce que tu penses qu'en cinq minutes, tu vas arriver à me faire valoir des raisons que tu n'as pas été capable de me présenter jusqu'à maintenant ?

Chris - Je te préviens : j'ai la rage ! La roue de secours est gonflée à bloc !

Loan - Je demande à voir.

Chris - Justement, c'est toi qui prends la caméra, maintenant. *(Il lui passe la caméra et sort côté cour. Puis il appelle depuis les coulisses.)* Loan !

Loan sort pour rejoindre Chris.

Julia - Bon, moi je vais attendre Max dans le couloir ! C'est plus prudent ! On ne sait jamais… Excusez-moi.

Julia sort côté cour.

Rosa *(à Carla, après un temps)* - C'était quand, Max et toi ?

Carla - Pardon ?

Rosa - Max, c'était quand ?

CARLA - Pourquoi ?

ROSA - Simple curiosité. J'observe et j'essaie de reconstituer la chronologie de ses amours successives.

CARLA - Quelle importance ? *(Pas de réponse.)* Tu voudrais savoir à qui il t'a préférée et pour qui il t'a laissée, c'est ça ?

ROSA - Oui, peut-être. C'est bête, n'est-ce pas ?

CARLA - Bête, non. Je dirais plutôt… mortifère, ou masochiste, un peu orgueilleux aussi sans doute, comme tu préfères.

ROSA - Je préfère « bête ».

Un temps.

CARLA - Tu sais, les hommes, ils sont tous pareils. Ils peuvent bien nous raconter ce qu'ils veulent, on sait très bien qu'on n'est jamais la première et qu'on n'est pas la dernière non plus. Ils nous disent toujours le contraire. Eux ça les arrange de mentir, et nous ça nous arrange de les croire. C'est la plateforme commune de nos relations, notre SMIC amoureux, mais en plus de ce minimum, si je puis dire, nous n'avons qu'un statut d'intérimaires. Max, au moins, il a le mérite de le reconnaître.

ROSA - Sauf qu'il le reconnaît après.

CARLA - Comme si tu ne t'en doutais pas avant !

ROSA - Si, bien sûr.

CARLA - Evidemment. Personne n'est dupe, ni eux ni nous. *(Un temps.)* Pendant deux mois et trois jours, au printemps, il y a deux ans.

ROSA - Pardon ?

CARLA - Je réponds à ta question : Max, c'était pendant deux mois et trois jours, il y a deux ans. Avant moi c'était Alix. J'ai connu Max par l'intermédiaire de Freddy, et puis voilà. Max a laissé tomber Alix pour moi. Et après, je crois bien que c'était Axelle. Pour ta reconstitution historique.

Rosa - C'est toi qui as raison, ça ne rime à rien. En plus, comme il a eu la délicatesse de nous le dire, nous ne sommes pas toutes présentes.

Carla - Ça, la délicatesse, c'est encore autre chose.

Rosa - Pourquoi t'es venue, toi ?

Carla - Bonne question. Mais je n'ai pas vraiment de réponse claire à te donner. Quand il m'a téléphoné, j'ai mis quelques secondes pour le resituer. « Max ? Quel Max ? » Incroyable ! Ce qu'on a vécu ensemble, c'était vraiment fort… enfin, pour moi c'était fort, et je peux te dire que quand il m'a quittée, j'en ai pleuré des nuits entières, et je te dis pas les messages que j'ai pu lui laisser sur son portable. Lui, bien sûr, il ne me rappelait pas et j'étais complètement désespérée. Et puis voilà, deux ans plus tard, j'avais presque oublié son nom. Incroyable, non ?

Rosa - Ben non.

Carla - Je crois qu'il a senti mon hésitation et qu'il a compris pourquoi. Il m'a même semblé que ça l'a un peu vexé. Tant mieux : ça le punissait de ne pas avoir répondu à mes messages. C'était une vengeance involontaire et à retardement, mais une vengeance quand même. Ça fait toujours plaisir.

Rosa - Tu parles !

Carla - Alors pourquoi je suis venue ? *(Elle soupire.)* Peut-être pour voir s'il me fait le même effet aujourd'hui qu'hier, ou si après deux ans mes goûts ont changé.

Rosa - Réponse ?

Carla - J'avoue que je suis un peu déçue. Pas de lui. Lui, je le retrouve comme je l'ai laissé… enfin, comme lui m'a laissée. Non, je suis déçue de moi. Je me demande comment j'ai pu m'enticher de lui à ce point. Il ne me fait plus aucun effet. Je le trouve… Comment dire ?… Ordinaire.

Rosa - Tu disais que son idée de toutes nous réunir était singulière, non ? Et elle l'est.

Carla - Je ne parle pas de l'idée, je parle de lui. Idée singulière, homme ordinaire. Je confirme.

Rosa - C'est peut-être le ressentiment, non ?

Carla - Je pense pas. Tu le trouves pas ordinaire, toi ?

Rosa - Ils sont tous ordinaires, si on n'est plus prêtes à se laisser séduire.

Carla - Tu crois que ça vient de nous ?

Rosa - Je me pose la question.

Carla - Et toi ?

Rosa - Oui ?

Carla - C'est vrai que tu as des comptes à régler avec lui ?

Rosa - Disons qu'il ne m'a pas quittée d'une façon très… élégante. Un SMS sur mon portable. Je… je m'y attendais et, de mon côté, ce… ce n'était plus pareil avec lui. Mais un tel procédé, je me suis sentie vraiment rabaissée.

Carla - Je peux comprendre.

Rosa - Mais il n'y a pas que ça. C'est une histoire un peu plus compliquée, tu vois…

Carla - Raconte.

Rosa - C'est pas forcément passionnant.

Carla - Mais si.

Rosa - Eh ben, voilà, un soir…

Carla - Attends. Je fumerais bien une clope, moi. *(Elle sort un paquet de son sac et propose une cigarette à Rosa.)* T'en veux une ?

Rosa - Non, je fume pas.

Carla - Moi j'ai commencé après lui… je veux dire, après Max. *(Elle gratte une allumette. Entre Ugo.)* J'étais tellement stressée… Tu vois, ça, par contre, j'ai pas oublié en route. Hélas !

Ugo - Euh… si j'étais toi, j'éviterais de fumer ici. Max déteste la fumée.

Carla - C'est un comble !

Ugo - En plus, avec le cirque qu'il fait dans la cuisine avec le court-circuit, s'il te voit avec ta clope, il va devenir hystérique.

Carla - Pas de problème, je vais dehors, j'ai l'habitude. A plus.

Rosa - A plus.

Carla sort côté jardin, non sans avoir noté fugitivement le regard que porte Rosa sur Ugo.

SCÈNE 4

Rosa - Comment ça se passe dans la cuisine ?

Ugo - Pas terrible. C'est toujours dans le noir. Max est en train de piquer une crise. J'ai préféré m'esquiver. *(Un temps.)* Qu'est-ce qu'elle fait, Julia, dans le couloir ?

Rosa - Elle veut être la première à lui parler.

Ugo - Vu les circonstances, c'est peut-être pas la bonne stratégie. Max n'a pas trop apprécié qu'on annonce la nouvelle à sa place.

Rosa - Dis-moi, Ugo, c'est quoi cette histoire de mariage? C'est un gag ou quoi?

Ugo - Pas du tout. Enfin, je ne crois pas. On était tous là quand il nous a soumis l'idée. Il avait l'air vraiment décidé, et nous, après le premier moment de surprise passé, on a trouvé ça pas si bête. Pourquoi? Tu veux poser ta candidature?

Rosa - Ah! ça non!

Ugo - Tu lui en veux tant que ça?

Rosa - Oui.

Ugo - Malgré le temps?

Rosa - Il y a des blessures d'amour-propre que le temps ne peut pas effacer, Ugo.

Ugo - Mais tu es venue quand même.

Rosa - Oui, quand même.

Ugo - Pour vider ton sac. Ça sentirait un peu le réchauffé, tu crois pas?

Rosa - Et sa demande en mariage, tu crois pas qu'elle sent le réchauffé? Si je vidais mon sac, je serais dans le ton.

Ugo - Bien répondu, comme d'habitude.

Rosa - Mais je ne suis pas venue pour ça, Ugo.

Ugo - Ah bon?

Rosa - Oui, j'ai encore de la rancœur contre Max, mais pas seulement contre lui.

Ugo - Alix?

Rosa - Pourquoi Alix?

Ugo - Ben, après toi, c'était la suivante, non ?

Rosa - Je ne le savais pas. Merci du renseignement.

Ugo - Je peux me tromper ! J'étais pas là tout le temps.

Rosa - Tu étais là presque tout le temps, Ugo. Et puis, soudain, plus rien !

Ugo - Excuse-moi, je…

Rosa *(explosant)* - A partir du moment où Max m'a quittée, toi aussi, silence radio ! Plus de nouvelles, rien !

Ugo - Mais pourquoi je t'aurais appelée ?

Rosa - Pourquoi tu m'aurais appelée ? Pourquoi tu m'aurais appelée ? Dis-moi, Ugo, tu as ta propre personnalité, ta propre vie ou tu es comme Chris : un clone de Max ?

Ugo - Non, mais ça va pas !

Rosa - Alors pourquoi tu ne m'as pas appelée ?

Ugo - Parce que… parce que je pensais que tu n'avais pas envie de voir les copains du gars qui venait de te plaquer. Que tu redouterais de le rencontrer avec nous. Que ça te ferait souffrir encore plus.

Rosa - Je ne parle pas de ses copains, je parle de toi !

Ugo - C'est pareil !

Rosa - Non, c'est pas pareil. Tu… tu aurais pu essayer de me contacter, de me parler, de t'informer. Rien ! Rien du tout ! Après Max, le vide ! Le vide total ! La joyeuse bande avec qui j'étais sortie, que j'avais invitée chez moi, tout le monde aux abonnés absents !

Ugo - Comment je pouvais savoir ?

Rosa - Justement ! En essayant de me revoir !

Ugo - Mais pourquoi moi en particulier ? Il y a aussi Freddy, Chris…

Rosa - Je t'en prie, Ugo.

Ugo - Excuse-moi, pas Chris. *(Un temps.)* Rosa, ne me dis pas que…

Rosa - Max, j'ai tout de suite compris que ça ne durerait pas, mais entre-temps, je t'avais remarqué, toi. Tu te souviens de la soirée où on s'est vus pour la première fois ?

Ugo - Euh… oui… Au Morrison, c'est ça ?

Rosa - Non.

Ugo - Ah bon ! Je croyais pourtant que…

Rosa - T'inquiète pas, c'est pas grave. Ce que je veux te dire, c'est que rester avec Max, c'était une manière d'être près de toi, d'essayer d'attirer ton attention. Chaque fois que je te voyais, tu étais comme un gros gâteau au chocolat dans une pâtisserie le dimanche matin. J'adore les gâteaux au chocolat, mais avec toi c'était jamais dimanche matin ! Et encore moins quand Max m'a larguée.

Ugo - Mais pourquoi tu me l'as pas dit ?

Rosa - Alors vous êtes comme ça, maintenant, les garçons : il faut faire tout le boulot pour vous.

Ugo - Mais comment je pouvais savoir ?

Rosa - Tu t'es rendu compte de rien ?

Ugo - T'étais avec Max !

Rosa - Après Max, j'étais plus avec Max !

Ugo - Mais, enfin, moi je suis un sportif, un balourd. Toi tu es une fille intelligente, fine, spirituelle. Moi, ma philosophie, c'est plutôt les grosses blagues, la bière, les « Wild Winners »… Enfin, tu sais bien.

Rosa - Oui, je le sais ! Et alors ?

Ugo - Alors quoi ?

Rosa - Qu'est-ce que tu attends pour te jeter sur moi maintenant que tu es au courant ?

Ugo - Me jeter sur toi ? Tout de suite ? Mais…

Rosa *(au public)* - Bon, j'l'aurai vraiment mérité mon gâteau au chocolat ! *(Elle lui enlève ses lunettes qu'elle pose sur le tabouret.)*

Ugo - Mes lunettes !

> *Rosa se jette sur Ugo et l'embrasse fougueusement. Carla revient et les voit l'un sur l'autre s'embrassant sur le canapé.*

Carla - Ugo ! *(Elle frappe Ugo.)* Ugo ! Espèce de gros porc ! Lâche-la ! Mais lâche-la ! *(Elle continue à le frapper.)*

Ugo *(se protégeant)* - Arrête tes conneries, Carla !

Carla - Mes conneries ? C'est moi qui fais des conneries ici ?

Ugo - Mêle-toi de tes affaires !

Carla - Tu n'as rien, Rosa ?

Rosa - Si, j'ai quelque chose ! J'ai envie de continuer !

Carla - Hein ?

Rosa - Pas toi, Ugo ?

Ugo - Ben oui ! Mais là, y'a gêne, non ?

Carla - Oh !

Rosa *(à Ugo)* - T'habites toujours au-dessus ?

Ugo - Oui, bien sûr.

Rosa - Je te préviens : j'ai pas envie d'attendre encore trois ans avant d'avoir la suite !

Rosa pousse Ugo devant elle pour le faire sortir côté jardin.

CARLA **-** Mais…

ROSA **-** Désolée, Carla, je suis sûre que je te déçois, mais c'est comme ça.

Rosa sort.

CARLA **-** Mais, lui, il est comme Max ! Enfin, je veux dire : avec lui aussi, tu ne seras qu'un intérim !

Arrive Freddy, très énervé, talonné par Julia.

JULIA *(à Freddy)* **-** Il va sortir quand ? Il t'a parlé de celle qu'il préfère ?

CARLA *(à Freddy)* **-** Freddy ! Tu sais ce qu'il vient de faire, ton copain Ugo ?

JULIA *(à Freddy, poursuivant son idée)* **-** C'est moi, n'est-ce pas ?

CARLA *(à Freddy)* **-** Bien sûr que tu es au courant !

JULIA *(à Freddy)* **-** Tu crois que je peux aller le rejoindre tout de suite ?

CARLA *(à Freddy)* **-** C'est Alix qui avait raison ! Cette fête, c'est bien un marché aux bestiaux…

JULIA *(à Carla)* **-** Laisse-moi parler, Carla !

CARLA **-** … mais c'est encore pire que ce qu'elle pensait !

JULIA *(à Freddy)* **-** Puisque tu veux pas me répondre, j'vais lui demander directement ! J'suis assez grande pour faire mes commissions toute seule !

Julia sort côté cour. Freddy cherche sa veste, la trouve, l'enfile.

CARLA **-** Vous êtes tous dans le coup. Vous avez tout manigancé ensemble depuis le début. La fête chez Max pour vous répartir ses ex entre vous !

FREDDY - Qu'est-ce que tu racontes ?

CARLA - Ne nie pas, j'ai tout compris !

FREDDY *(fouillant dans ses poches)* - Où est Alix ? Où sont mes clés ?

CARLA - Alix est partie avec ta voiture !

FREDDY - Elle a pas fait ça ?! *(Il prend son téléphone portable dans sa poche et compose un numéro.)*

CARLA - Elle était écoeurée, comme moi maintenant !

FREDDY - Ça va pas se passer comme ça !

CARLA - N'en profite pas pour changer de sujet, Freddy ! Pose ce téléphone et réponds à ma question ! *(Freddy lève la tête vers elle.)* Avoue que vous êtes tous complices de cette… mascarade.

FREDDY *(appuyant sur une touche du téléphone pour l'arrêter)* - Ecoute, Carla, ça suffit que Max ait pété les plombs dans sa cuisine et dans sa tête ! Pense ce que tu veux, mais moi je préfère quitter le terrain. J'en ai marre de ces histoires.

CARLA - Tu te défiles, c'est ça ?

FREDDY - J'vais prendre l'air, O.K. ?

CARLA - Comment avez-vous pu rentrer dans cette combine et cautionner cette prétendue histoire de mariage ? Quel mépris pour nous !

FREDDY - J'vais te dire une chose, Carla…

Julia entre en pleurant.

JULIA - C'est un sale type ! Il… il m'a insultée ! Il m'a traitée de… de bécasse ! Tout ça dans le couloir, devant son frère ! En plus il avait du cambouis partout sur les mains et la figure !

CARLA - Pas de Mastercard cette fois-ci, Julia ?

JULIA - Toi, je t'ai pas parlé ! J'veux plus le voir, je… je… *(Elle prend son sac.)*

FREDDY *(à Julia)* - Tu t'en vas ?

JULIA - Oui, je resterai pas une seconde de plus ici.

FREDDY - T'as une voiture ?

JULIA - Oui, juste en bas.

FREDDY - Tu pourrais me déposer ?

JULIA - Tu vas où ?

FREDDY - Ailleurs.

JULIA - Moi aussi.

FREDDY - Si tu veux, j'peux conduire à ta place.

JULIA - Pourquoi ? J'sais conduire, moi ! Qu'est-ce que tu crois ?

FREDDY - Ben, j'disais ça à cause des larmes, ça trouble la visibilité.

JULIA - J'mettrai les essuie-glaces.

FREDDY - Comme tu veux. *(Il commence à sortir.)* Salut Carla.

CARLA - Mais…

JULIA *(à Freddy)* - C'est quoi une bécasse ? C'est très grossier, n'est-ce pas ?

Julia et Freddy sortent côté jardin.

SCÈNE 5

Carla va prendre son sac à son tour. Adrien entre en s'essuyant les mains avec un chiffon.

ADRIEN *(intimidé d'être seul en la présence de Carla)* - Euh… où sont les autres ?

CARLA - Différentes histoires, dans différents endroits.

ADRIEN *(posant le chiffon)* - C'était à prévoir. *(Un moment de gêne. Carla semble très déroutée. Elle prend le paquet de cigarettes dans son sac.)* C'est réparé dans la cuisine. Max arrive. Il est en négociation avec Clém' et Mélanie pour la restitution de la salle de bains. Mais s'il ne se calme pas, je ne suis pas sûr qu'il y ait beaucoup de prétendantes pour vouloir se marier avec lui. *(Un temps.)* Vous… enfin, tu l'attends pour ça ?

CARLA - Non, je ne l'attends pas. Je ne l'attends plus depuis longtemps. Et en fait, je partais.

ADRIEN - Une autre histoire dans un autre endroit ?

CARLA - Non, plutôt assez d'histoires dans un seul endroit.

ADRIEN - Tu connais Max : quand il a une idée dans la tête, il fonce tête baissée, sans même imaginer les conséquences sur les susceptibilités, les sensibilités.

CARLA - Je sais. Sauf que son idée, quelle qu'elle soit, n'est guère… Comment dire ?… Estimable. *(Elle le regarde.)* Je ne peux pas croire…

ADRIEN - Oui ?

CARLA - Tu es si différent…

ADRIEN - Je ne peux pas dire quelque chose pour que tu restes ?

44

CARLA - Pourquoi je resterais ?

ADRIEN - On peut essayer de trouver une raison.

CARLA - C'est gentil, mais non. Vraiment.

Entre Brigitte, qui traîne une valise et porte un sac.

BRIGITTE - Quel amour ! Il a même pensé à laisser la porte ouverte ! Je ne suis pas en retard, au moins ? En plus, ce voleur de taxi voulait me compter un supplément pour mon bagage. Non, mais vous vous rendez compte ? *(Carla sort côté jardin.)* Où est-il ?

ADRIEN - Vous cherchez Max ?

BRIGITTE - Attendez que je devine ! Vous, vous êtes le petit frère ! Adrien ! C'est ça ! Max m'a tellement parlé de vous !

ADRIEN - Ah bon ?

BRIGITTE - Et vous voyez, je ne vous avais jamais rencontré, mais je vous ai reconnu ! Je sens ces choses-là, moi. Où se cache-t-il le grand frère ?

ADRIEN - Il arrive. Vous…

BRIGITTE - Brigitte ! Biggie, pour les intimes, donc Biggie pour toi ! Je suis sûre que Max t'a parlé de moi !

ADRIEN - Euh…

BRIGITTE - Un petit buffet ! Je vois que Max a bien fait les choses ! Qui sont les invités ? Je les connais ?

ADRIEN - Ben…

BRIGITTE - Adrien, pourrais-tu être assez mignon pour porter ma valise dans la chambre ?

ADRIEN - Quelle chambre ?

BRIGITTE - Comment ça, quelle chambre ?

ADRIEN - Dans quelle chambre voulez-vous que je porte cette valise ?

BRIGITTE - Eh bien, dans la chambre de Max ! Enfin, maintenant, notre chambre.

ADRIEN - Excusez-moi, mais j'ai dû manquer un épisode, là, parce que...

BRIGITTE - Max ne t'a pas dit ?

ADRIEN - Non, pas tout, je le crains.

BRIGITTE - Le vilain cachottier ! Max va se marier !

ADRIEN - Oui, ça, je suis au courant !

BRIGITTE - Tu vois ! Alors qu'est-ce que tu en penses ?

ADRIEN - Si Max veut se marier, c'est sa décision.

BRIGITTE - Non, je veux dire qu'est-ce que tu penses de son choix ?

ADRIEN - J'en sais rien. J'attends qu'il le fasse, son choix.

BRIGITTE - Tu es trop mimi ! Je vais te dire un secret : son choix, c'est moi !

ADRIEN - Attendez, vous venez juste d'arriver, là, non ?

BRIGITTE - Oui, me voilà !

ADRIEN - Si je peux me permettre une question : comment savez-vous qu'il va se marier avec vous ?

BRIGITTE - Avec TOI !

ADRIEN - Non, pas avec moi, avec vous.

BRIGITTE - Oui, avec moi, mais dis-moi « tu ». On sera bientôt de la même famille, non ?

46

ADRIEN - D'accord ! Comment tu sais qu'il va se marier avec toi ?

BRIGITTE - Il me l'a dit !

ADRIEN - Quand ? Où ? Comment ?

BRIGITTE - Au téléphone ! Enfin, il me l'a pas dit directement, mais je le sais ! Je l'ai tout de suite flairé quand il m'a appelée et qu'il m'a parlé d'une grande nouvelle à m'annoncer. Alors, moi, fine mouche, qu'est-ce que j'ai fait ? J'ai téléphoné à Ugo. Tu connais Ugo ?

ADRIEN - Oui, oui, bien sûr.

BRIGITTE - Eh ben, j'ai réussi à lui tirer les vers du nez !

ADRIEN - Ugo vous a dit… *(Rectifiant.)*… t'a dit que Max allait se marier avec toi ?

BRIGITTE - C'est un gros nounours, Ugo. Il est tellement candide… Si on s'y prend bien, on peut le faire parler. Et moi je m'y prends bien. En plus, il ne s'aperçoit de rien, le pauvre chat. C'est par lui que j'ai su que Max me quittait et c'est par lui que j'apprends qu'il me demande en mariage ! La boucle est bouclée ! Trop fort, non ?

ADRIEN - Tu es sûre que tu n'as pas, disons, un peu extrapolé ce qu'Ugo a pu te dire ?

BRIGITTE - Je sens ces choses-là, moi. Oh ! ne fais pas cette tête-là ! Ça te chagrine tant que ça de penser que ton grand frère va se marier avec moi ?

ADRIEN - C'est pas la question. Je me dis seulement qu'il va falloir te mettre d'accord avec les autres.

BRIGITTE - Quels autres ?

Arrivent Clémentine et Mélanie.

CLÉMENTINE - Je suis déçue ! Tellement déçue ! On s'entendait si bien, et puis voilà, patatras !

MÉLANIE - Tu veux que je te dise ? Je remercie le grille-pain !

CLÉMENTINE - Ne me parle plus de ce grille-pain, s'il te plaît !

MÉLANIE - Si ! Justement ! C'est le grille-pain qui nous a révélé sa véritable nature : c'est un goujat !

BRIGITTE *(à Adrien, désignant les deux autres)* **-** Qui est-ce ?

ADRIEN - Une partie des autres.

BRIGITTE - Bonjour ! Je suis Biggie ! Qui est un goujat ?

CLÉMENTINE ET MÉLANIE - Max !

CLÉMENTINE - Il a tout gâché : amour, amitié… Il ne respecte rien ni personne !

BRIGITTE - Oh ! je suis sûre qu'il y a un malentendu ! C'est vrai que Max est un peu bourru parfois, mais au fond il est adorable.

Les deux filles la regardent, incrédules.

MÉLANIE - Vous aussi vous venez pour le mariage ?

BRIGITTE - Oui ! Max vous l'a dit ?

MÉLANIE - Non, c'est Freddy.

BRIGITTE - Ils sont terribles ces garçons ! Incapables de garder un secret ! Alors, dites-moi ce qui ne va pas avec Max, je vais arranger les choses et tout ira mieux.

CLÉMENTINE - Je n'ai pas envie que ça aille mieux !

Clémentine sort côté cour.

MÉLANIE - C'est à qui cette valise ?

BRIGITTE - Je ne voudrais pas insister, mais si votre amie se braque contre Max, ça va casser l'ambiance. Ce serait dommage.

MÉLANIE - C'est à qui cette valise ?

Clémentine revient avec un sac en plastique vide et un sac de congélation, puis commence à vider une assiette dans le sac vide.

BRIGITTE - C'est à moi, pourquoi ? *(Désignant Clémentine.)* Qu'est-ce qu'elle fait ?

CLÉMENTINE - Je récupère ce que je peux !

BRIGITTE *(à Clémentine, prenant le sac en plastique)* **-** Arrêtez de vandaliser le buffet ! *(A Adrien.)* Adrien, dis quelque chose !

ADRIEN - Brigitte souhaiterait une ambiance plus favorable à l'occasion de l'annonce de son mariage avec Max.

Moment de stupeur.

CLÉMENTINE - Hein ?

MÉLANIE *(à Brigitte)* **-** Vous pensez que vous allez vous marier avec Max ?

BRIGITTE - Bien sûr ! C'est pour ça que je suis là.

MÉLANIE - Mais vous n'êtes pas la seule ! Nous aussi on est là pour ça !

BRIGITTE - J'ai compris : Max vous a invitées.

MÉLANIE - Vous n'avez rien compris. A nous aussi, Max a proposé le mariage.

Brigitte est sans voix.

CLÉMENTINE *(reprenant le sac des mains de Brigitte)* **-** Moi, je vous laisse Max mais je reprends mes pistaches.

MÉLANIE - Moi, j'hésite encore.

CLÉMENTINE - Entre quoi et quoi ?

49

MÉLANIE - Entre continuer les embrouilles avec Max ou me faire un plateau-télé chez toi.

CLÉMENTINE - Décision ?

MÉLANIE - Passe-moi le saumon.

Clémentine passe le sac de congélation à Mélanie.

CLÉMENTINE - On rachètera du pain de mie en route, d'accord ?

MÉLANIE - D'accord. Et on le fera pas griller.

CLÉMENTINE - D'accord !

Clémentine et Mélanie sortent en riant côté jardin.

SCÈNE 6

BRIGITTE - C'est vrai ce qu'elles ont dit ? Max leur avait aussi proposé le mariage ?

ADRIEN - Oui, à elles et à d'autres. L'ensemble de ses ex, en fait !

BRIGITTE - Ses ex ?

ADRIEN - Oui, les autres filles avec qui il a eu des aventures.

BRIGITTE - Oh !

ADRIEN - Tu pensais être la seule ?

BRIGITTE - Il… il y en a… combien ?

ADRIEN - A la louche, je dirais une bonne douzaine.

BRIGITTE - Oh !

Arrive Max, juste vêtu d'une serviette autour des reins. Il a les cheveux mouillés.

MAX *(furieux)* - Est-ce que quelqu'un pourrait m'expliquer qui a fermé ma chambre à clé et pourquoi ?

BRIGITTE *(se jetant sur lui)* - Max ! Dis-moi que ce n'est pas vrai ! Tu n'as pas fait ça à ta petite Biggie !

MAX - Une seconde… C'est quoi la question ?

ADRIEN - Biggie vient d'apprendre qu'elle n'est pas la seule à qui tu as proposé le mariage.

MAX - Bon, écoute, d'abord ce n'était pas à Freddy de raconter ça, et puis…

BRIGITTE - Ce n'est pas Freddy, c'est Ugo !

MAX - Ce n'était ni à Freddy ni à Ugo, et ensuite j'aimerais pouvoir rentrer dans ma chambre pour prendre des affaires propres !

BRIGITTE - A quoi bon avoir des affaires propres si à l'intérieur tu es sale ?

MAX - Du calme, Biggie !

BRIGITTE - Si ! Tu es sale ! Tu es même répugnant ! Tu m'as fait venir ici avec tous mes bagages pour… pour…

MAX *(découvrant les bagages)* - Je t'avais pas dit de prendre tes bagages. C'était une invitation à une soirée, pas à un déménagement.

BRIGITTE - Tu es le garçon le plus immonde que j'aie jamais rencontré !

MAX - C'est bon, je suis immonde, alors tu reprends tes affaires et tu te tires ! Si c'est pas toi ce sera une autre, O.K. ?

Brigitte tombe dans les pommes.

ADRIEN - Qu'est-ce qu'elle a ?

MAX - Rien. C'est un truc qu'elle fait pour qu'on s'occupe d'elle. Je connais un bon moyen pour la ranimer. Tu vas voir. *(Il va prendre un verre.)*

BRIGITTE *(se relevant)* - Si tu me jettes ce verre sur la figure, je vais directement à la police et je te dénonce pour cruauté mentale et agissements barbares sur ma personne. *(Elle prend sa valise.)*

ADRIEN - Vous voulez un peu d'aide ?

BRIGITTE - Non.

MAX - Laisse tomber, Adrien, elle est disqualifiée.

BRIGITTE - Oh ! *(Elle trébuche et se rattrape sur Adrien.)* Excusez-moi. Je me sens si faible à présent…

ADRIEN *(prenant la valise)* - Donnez-moi ça.

MAX *(levant le verre)* - Ciao, Biggie !

> *Adrien et Brigitte sortent côté jardin. Max reste seul un moment. Il boit une gorgée dans le verre. Il regarde autour de lui et prend conscience qu'il n'y a personne.*

ADRIEN *(off, du couloir)* - Oui, il est là.

MAX - Bon, la chambre !

> *Max se dirige côté cour. Arrive Sarah avec un paquet dans les mains.*

SARAH - Max !

MAX *(se retournant)* - Sarah !

SARAH - Je viens de croiser Adrien et une jeune femme qui pleurait. Qu'est-ce qui se passe ?

MAX - Rien d'important.

SARAH - Une de plus, n'est-ce pas ?

Max - Pardon ?

Sarah - Je veux dire : ce n'est pas la première qui part de chez toi en pleurant.

Max - En général, ça passe très vite.

Sarah - Qu'est-ce que tu en sais ? Tu t'en inquiètes, après ? Dans ce cas, tu as dû oublier mon numéro de téléphone. Ah ! ben non ! Tu ne l'as pas oublié puisque tu m'as invitée !

Max - Tu es venue pour me faire des reproches, Sarah ?

Sarah - Le temps des reproches est passé, Max, je n'en suis pas là.

Max - Maintenant, c'est le temps de la fête !

Sarah - Tu ne m'avais pas dit que c'était une soirée serviette-éponge, sinon je serais venue avec mon peignoir de bain.

Max - Excuse-moi, je suis juste en transit entre la salle de bains et ma chambre. D'ailleurs, je vais…

Sarah - Ça n'a aucune importance, Max, ce n'est pas la peine de te rhabiller.

Max - Toujours folle de mon corps ?

Sarah - Pas vraiment. Je ne peux pas rester, c'est tout.

Max - C'est quoi ça ? Regarde : y'a d'la bouffe, de quoi boire pour tout le monde !

Sarah - Tout le monde ?

Max - Oui, je sais pas où ils sont passés mais ils doivent pas être loin. Freddy, Ugo, Chris, Adrien et des copines. Allez, reste !

Sarah - Je ne suis pas venue pour rester, Max.

Max - T'es venue pour quoi alors ?

Sarah - Pour te donner un cadeau.

MAX - Un cadeau?

SARAH - Oui. *(Lui tendant le paquet.)* Voilà, c'est pour toi.

MAX - Mais, c'était pas prévu comme ça!

SARAH - Les cadeaux les plus appréciés sont ceux qu'on n'attend pas, non?

MAX - Oui, bien sûr, mais...

SARAH - Allez, ne fais pas ton timide, ça te va pas au teint.

MAX - Bon, d'accord. *(Il le prend.)* Je peux au moins t'embrasser pour te remercier?

SARAH *(se reculant)* - Non, c'est un cadeau où on n'embrasse pas.

MAX - C'est quoi c't'histoire? *(Il ouvre le paquet et en sort un bocal à poisson rouge.)* Qu'est-ce que c'est que ça?

SARAH - Un bocal à poisson rouge.

MAX *(répétant, incrédule)* - Un bocal à poisson rouge.

SARAH - Oui, un bocal à poisson rouge.

MAX - Pour le moment, c'est un bocal sans poisson rouge. T'as pas voulu l'emporter avec? T'avais peur qu'il ait le mal de mer en route?

SARAH - Non, je l'ai laissé dans la boutique. *(Elle lui donne une petite carte.)* Voilà l'adresse. Quand tu seras prêt, tu pourras aller le chercher. Ils sont au courant. Je leur ai donné ton nom.

MAX - T'as toujours été un peu à part, toi, hein?

SARAH - J'étais sûre que tu ne comprendrais pas.

MAX - Ben non. *(Regardant sous le bocal.)* Tu pourrais pas me donner le mode d'emploi? Parce que là j'le trouve pas.

SARAH - Un poisson rouge, il faut s'en occuper sur la durée, Max.

MAX - Oui, et alors ?

SARAH - La durée, tu ne sais pas ce que c'est.

MAX - Arrête.

SARAH - Non, Max, toi, tu te contentes de périodes. Courtes, en général. Trois semaines et quatre jours, en ce qui me concerne.

MAX - Tu es sûre ?

SARAH - Certaine. Et trois semaines et quatre jours, ce n'est pas suffisant pour savoir si on a envie de garder quelqu'un ou de le jeter.

MAX - Je comprends toujours pas.

SARAH - Je n'ai pas envie que tu jettes ce poisson rouge dans les toilettes après trois semaines et quatre jours. Alors quand tu te sentiras capable de le garder pour une durée qui ne sera pas une simple période, alors ça voudra dire que tu es devenu capable de constance, et alors tu seras prêt à aller le chercher... Tu as compris, maintenant ?

MAX - Pas tout.

SARAH - C'est pas grave. Pour le moment, le poisson rouge est en sécurité. Adieu, Max. Oui, c'était un cadeau d'adieu. Ne m'appelle plus, s'il te plaît. Je ne te répondrai pas. Dans la durée.

Sarah sort côté jardin et croise Adrien qui revient.

ADRIEN - Tu t'en vas ?

SARAH - Oui.

Sarah hésite puis fait une bise à Adrien et sort après avoir lancé un dernier regard à Max.

ADRIEN - Pourquoi elle part ?

MAX - Elle est folle.

ADRIEN - Elle a pas l'air.

55

SCÈNE 7

ADRIEN *(montrant le bocal à poisson)* - C'est elle qui t'a apporté ça ? C'est sympa.

MAX - Tu la connaissais avant, Sarah ?

ADRIEN - Tu me l'avais présentée, une fois, quand j'étais venu te voir. Tu ne t'en souviens pas ?

MAX - Une seule fois et elle te fait la bise. Elle a une bonne mémoire.

ADRIEN - Sans doute, mais c'est la première fois… *(Max le regarde drôlement.)*… la bise.

MAX - Une fois, première fois… Bravo Adrien.

ADRIEN - Tu vas pas me faire un flan parce qu'une de tes ex m'a fait une bise comme ça, vite fait, avec sans doute l'idée de te rendre un peu jaloux ?

MAX - Jaloux de qui ?

Arrivent Loan et Chris, assez débraillés.

LOAN - Ah ! Max ! Je voulais te dire : Chris et moi, on a bien parlé dans ta chambre.

CHRIS - Oui, tu peux y aller, je te la laisse, elle est libre maintenant.

MAX - Chris, j'ai pas besoin que tu me laisses Loan pour que je la prenne. C'est moi qui décide.

LOAN - Euh… il parlait pas de moi, il parlait de la chambre.

Max est interloqué.

CHRIS - C'est bien toi qui as essayé d'entrer tout à l'heure, non ?

MAX - Oui, j'aurais bien aimé…

CHRIS - Vas-y ! Nous, on va continuer chez moi.

LOAN - Chris est un garçon qui se révèle dans l'adversité. C'est… c'est impressionnant. Oui, impressionnant. Et je… je voulais te dire…

MAX - J'ai compris, c'est bon.

LOAN - Tu avais déjà décidé qui ?

CHRIS - Ça va, Loan, laisse tomber, son tour est passé.

MAX *(à Loan)* **-** T'inquiète pas. Tu sais, les filles, ça manque pas par ici.

CHRIS - Alors tu voulais vraiment lui proposer à elle aussi ?

MAX - Ben oui, c'était une proposition globale. Pourquoi ?

CHRIS - Non, pour rien.

MAX - C'était clair depuis le début, non ? *(Chris prend la caméra des mains de Loan et filme Max.)* Qu'est-ce que tu fais ?

CHRIS - Je fais juste un gros plan sur un salaud pour être sûr de pas oublier.

MAX - Non, mais attends… Si t'es con, c'est pas d'ma faute !

CHRIS - Tu m'excuseras auprès des autres, mais je vais sans doute manquer quelques matches de foot. Salut ! *(Au public.)* Déception et dignité. Sortie de Chris.

LOAN - Salut Max !

Chris et Loan sortent côté jardin.

MAX *(se lançant à la poursuite de Chris)* **-** J'vais lui casser la gueule à ce con !

ADRIEN - Lutte à poil ? Comme dans la Grèce antique ?

Max s'aperçoit qu'il n'est pas habillé et sort côté jardin. Resté seul, Adrien prend un verre et trouve un carnet sur la table. Il va s'asseoir et le feuillette. Entre Gina.

GINA - On peut entrer ?

ADRIEN - Euh… oui.

GINA - Je voudrais voir Max. Je voudrais le voir assez rapidement. Vous croyez que c'est possible ?

ADRIEN - Oui, je pense.

GINA - Je suis Gina. Gina Lobradère.

ADRIEN - C'est marrant, c'est justement le nom que j'étais en train de lire sur son carnet.

GINA - Son carnet ?

ADRIEN - Oui, un carnet d'adresses. Je suis Adrien, le frère de Max. Le petit frère.

GINA - Je ne savais pas que Max avait un petit frère, il ne me l'avait…

Entre Max, pieds nus et enfilant une chemise. Il s'arrête en voyant Gina.

MAX - Gina… Eh ben, mieux vaut tard que jamais.

GINA - Pardon ?

MAX - Remarque, t'as pas raté grand-chose. Et comme dit l'autre, les derniers seront les premiers, pas vrai ?

GINA - Excuse-moi, mais je…

MAX - Tu veux boire quelque chose ? Vas-y ! Sers-toi !

GINA - Je ne suis pas venue pour boire, Max.

58

Max - Comme tu veux. Alors je t'explique tout de suite pourquoi j'ai organisé cette fête.

Gina - Quelle fête?

Adrien s'intéresse à la conversation, puis va s'asseoir dans un coin en feuilletant le carnet.

Max - Ben, la fête pour laquelle je t'avais téléphoné!

Gina - Ah oui! D'accord. C'était aujourd'hui?

Max - Ne me dis pas que tu tombes là par hasard?

Gina - Euh… si. Excuse-moi, j'avais oublié la fête. Et je ne me souviens pas t'avoir dit que je viendrais.

Max - J'avais pas noté non plus. De toute façon, c'est portes ouvertes.

Gina - Oui, j'ai remarqué que ta porte était ouverte. Tout le monde est parti, on dirait.

Max - Adrien! Où ils sont ceux qui sont pas partis?

Adrien ne répond pas.

Gina - Je savais pas que t'avais un frère.

Max - Dis-moi, si tu viens me voir et que c'est pas pour la fête, c'est pour quoi? Pour que je te présente mon frère?

Gina - Je suis là pour une raison bien précise. Une affaire assez urgente.

Max - Qui est?

Gina *(lui tendant une enveloppe)* - Voilà, ouvre. C'est pour toi.

Max *(au public)* - Déjà vu. C'est un napperon pour mettre sous le bocal ou quoi?

Gina - Pardon?

MAX - Ou alors peut-être des S'Miles de Monoprix ? Déjà entendu.

GINA - Ouvre !

MAX - O.K., O.K. ! *(Il ouvre et en sort une photo.)* C'est quoi ?

GINA - Tu ne le vois pas ?

MAX - Ben, je vois que c'est une photo

GINA - Une photo de quoi ?

MAX - On dirait un bébé. C'est ça ?

GINA - Oui, c'est ça, Max, c'est un bébé !

MAX - Super ! Qu'est-ce que j'ai gagné ?

GINA - Sans doute plus que tu ne peux l'imaginer, Max.

MAX - Une deuxième photo de bébé dans une autre enveloppe ?

GINA - Ce bébé est mon fils, Max.

MAX - Tu as un fils, toi ? Félicitations.

GINA - Je te félicite aussi, Max.

Un temps.

MAX - Non !

GINA - Si.

MAX - Mais… mais…

GINA - J'ai appris que j'étais enceinte juste après que tu m'as quittée.

MAX - Je vois pas le rapport.

GINA - Le rapport, c'était avant, Max.

MAX - Eh ! oh ! Du calme ! J'suis pas d'accord, moi ! Qu'est-ce qui prouve que c'est moi qui ?

Gina - C'est bien toi.

Max - Attends, attends ! C'est pas si facile que ça ! J'veux le test ADN, moi ! *(Il s'arrache un cheveu et le lui tend.)* Tiens, prends ça, reviens me voir dans trois semaines et puis on en reparle. D'accord ?

Gina - Max, cet enfant est le tien, il n'y a aucune autre possibilité.

Max - Aucune autre possibilité ! T'es marrante, toi ! J'la connais pas ta vie ! Si ça se trouve, t'as rencontré un mec juste après moi et peut-être encore un autre ! Les filles sont comme ça aujourd'hui ! Un mec, un mec et encore un mec après ! Y'a pas de raison que ce soit moi qui paie pour les autres. *(Ayant soudain une illumination.)* C'est ça ! T'es venue en plein milieu de ma fête pour me soutirer du fric ! En plus, je sais pas si t'es au courant, mais je vais me marier incessamment sous peu.

Gina - Si j'avais voulu te demander de l'argent, je n'aurais pas attendu treize mois, Max. Quand j'ai choisi de garder ce gamin, j'ai décidé d'assumer toute seule.

Max - Alors tu veux quoi ?

Gina - Que tu me le gardes.

Max - Mais tu viens juste de dire que…

Gina - Ne fais pas celui qui ne comprend pas. Mes parents débarquent chez moi pour le week-end et je ne leur ai rien dit. La fille qui me le prend habituellement est tombée malade. Je t'assure que j'aurais préféré une autre solution, parce que je suis pas sûre que tu sois une bonne nounou…

Max - Bien vu !

Gina - Le problème, c'est que je n'ai pas trouvé mieux.

Max - T'as pas bien cherché et puis c'est tout !

Gina - Max, tu es ma dernière chance !

61

MAX - J'appelle pas ça une chance !

GINA - Je t'en prie, Max.

MAX - T'as rien dit à tes parents ?

GINA - Non.

MAX - Pourquoi ?

GINA - Ils sont tellement vieux jeu, il faut que j'y aille tout doucement.

MAX - Eh ben, justement, profite qu'ils viennent te voir pour le week-end. Tu fais comme pour moi : le premier jour tu leur montres la photo, le deuxième jour tu leur montres le bébé et lundi ils repartent tout contents. Voilà, l'affaire est réglée en douceur. Bref, c'est non !

GINA - Je te préviens : si tu refuses, je fais une action en recherche de paternité devant la justice ! Tu seras obligé de payer une pension alimentaire !

MAX - Je ne céderai pas au chantage !

ADRIEN - Vous dites que vous n'avez personne pour le garder ?

GINA - Non, personne.

ADRIEN - Alors où est-il en ce moment ?

MAX - Bonne question ! Bravo Adrien.

GINA - Il est là, dans le couloir.

MAX - Dans le couloir ? Dans mon couloir ?

GINA - Oui. Attends.

Gina sort côté jardin.

MAX - Eh ! oh ! Non ! Je veux pas ! Pas question !

Gina revient avec un landau et un gros sac.

GINA - Je te présente Mathieu.

MAX - Mathieu ?

GINA - Oui.

ADRIEN *(venant devant le landau)* - Bonjour Mathieu. *(Regardant Max.)* Tout le portrait de son père.

MAX - Oui, bon, ça va, toi. *(Il vient voir le bébé.)* Oh non !

GINA - Excuse-moi, Max, mais j'ai pas le temps de m'attarder. Mes parents arrivent à la gare dans trente minutes.

MAX - Je suis sûr qu'il y a une grève ! Ça te laisse juste le temps pour trouver une autre idée et d'aller fourguer le paquet à quelqu'un d'autre.

GINA - Max, c'est pas un paquet ! C'est ton enfant !

MAX - Impossible ! Je suis célibataire, sans enfant, c'est marqué sur ma feuille d'impôts ! Si tu veux, j'te la montre !

GINA - Cet enfant est bien là et il est à toi !... Je t'assure que j'aurais préféré t'annoncer cette nouvelle dans d'autres circonstances.

MAX - Moi, j'aurais préféré que tu ne m'annonces rien du tout et dans aucune circonstance !

GINA - S'il te plaît, juste pour deux jours !

MAX - Attends ! C'est comme pour le bocal, ça : j'ai pas le mode d'emploi ! *(Regardant le bébé.)* Ça marche comment ce truc-là ?

GINA *(montrant le sac accroché au landau)* - Tout est là-dedans : les biberons, les couches, quand et comment s'en servir. Et lundi matin, je viens le récupérer à la première heure.

MAX - Gina, c'est non !

GINA *(à Adrien)* - S'il vous plaît, faites quelque chose. Aidez-moi.

ADRIEN - Pas de problème. Allez-y, on s'en occupe.

MAX - Tu déconnes, Adrien !

GINA - Merci ! Merci beaucoup ! Vous me sauvez la vie. Je suis vraiment désolée pour ta fête, Max, mais puisque c'est fini, c'est pas trop grave.

MAX - C'était une fête pour un mariage, pas pour une naissance !

GINA - Alors, c'est vrai, tu vas te marier ? C'est parfait ! Ça te fera beaucoup de bien, ça te stabilisera, tu verras.

MAX - Sauf que ma femme ne veut pas d'enfant ! Elle refuse d'avoir un enfant ! Surtout pendant les week-ends !

GINA - Tu me raconteras ça lundi matin ! Là, j'ai vraiment pas le temps. Encore merci, Adrien. Prenez bien soin de lui.

Gina sort côté jardin, non sans avoir jeté un œil inquiet au bébé et à Max.

MAX *(à Adrien)* - T'es complètement barjo ! J'en veux pas, moi, de ce gosse !

ADRIEN - T'en veux pas, mais il est là.

MAX - La faute à qui ?

ADRIEN - Ben, la tienne, non ? C'est toi le père, non ?

MAX - Ça, ça reste à prouver.

ADRIEN - Ce sera pas difficile.

MAX - Puisque c'est ça, c'est toi qui vas t'en occuper ! Puisque tu veux jouer l'assistante sociale, fais-le jusqu'au bout. *(Voyant le carnet dans la main d'Adrien.)* C'est mon carnet, ça ! Qu'est-ce que tu fous avec mon carnet ?

ADRIEN - J'essayais de voir si je pouvais trouver le numéro de Carla.

MAX - Carla ?

ADRIEN - Oui, Carla.

Carla entre derrière Max et Adrien. Elle aperçoit le landau.

MAX - Pourquoi tu voulais le numéro de Carla ?

ADRIEN - Pour lui téléphoner.

MAX - Ecoute, mon p'tit vieux, si tu veux une nana, trouve-la tout seul et arrête de venir piétiner mes plates-bandes. Carla, c'est chasse gardée perso.

CARLA - Non, Max. Tu te trompes.

MAX *(se retournant)* - Carla, tu…

CARLA - Tu voulais m'appeler, Adrien ?

ADRIEN - Oui.

CARLA - Je suis là. C'est encore mieux, non ?

ADRIEN - Oui, c'est très bien.

MAX - Oui, très très bien ! Vous allez pouvoir vous occuper du gosse tous les deux ! *(Il se retourne et se rend compte qu'ils sont sortis côté jardin.)* Eh ! Adrien ! Carla ! *(On entend le bébé pleurer. Il est affolé.)* Ah non ! Pas ça ! Non !

Max secoue le landau, prend le bocal, tapote dessus pour essayer d'amuser le bébé, puis s'assied, désespéré, avec le bocal dans un bras et l'autre main sur le landau.

FIN

AVIS IMPORTANT

Cette pièce de théâtre fait partie du répertoire de la Société des Auteurs et Compositeurs Dramatiques, 11 bis rue Ballu 75442 PARIS Cedex 09. Tél. : 01 40 23 44 44. Elle ne peut donc être jouée sans l'autorisation de cette société.

Nous conseillons d'en faire la demande avant de commencer les répétitions.

Imprimé à la demande par Books On Demand GmbH, Bad Hersfeld, Allemagne

Première édition, dépôt légal : juin 2006
N° d'édition : 200625
ISBN : 2-84422-514-4